八卦掌

全民健身项目指导用书

李廷奎 主编

吉林出版集团股份有限公司　全国百佳图书出版单位

图书在版编目（CIP）数据

八卦掌 / 李廷奎主编. -- 2 版. -- 长春：吉林出版集团股份有限公司, 2010.2 (2024.8重印)
全民健身项目指导用书
ISBN 978-7-5463-2357-2

Ⅰ. ①八… Ⅱ. ①李… Ⅲ. ①八卦掌 – 基本知识 Ⅳ. ①G852.16

中国版本图书馆 CIP 数据核字(2010)第 028347 号

全民健身项目指导用书

八卦掌
BAGUAZHANG

主　　编	李廷奎
责任编辑	黄　群　杜　琳
封面设计	吕宜昌
开　　本	650mm×960mm　1/16
印　　张	5.5
字　　数	30 千
版　　次	2010 年 2 月第 2 版
印　　次	2024 年 8 月第 4 次印刷
出版发行	吉林出版集团股份有限公司
地　　址	吉林省长春市福祉大路 5788 号
邮　　编	130000
电　　话	0431-81629968
电子邮箱	11915286@qq.com
印　　刷	三河市金兆印刷装订有限公司
书　　号	ISBN 978-7-5463-2357-2　　定　价　30.00 元

版权所有　翻印必究
如有印装质量问题，请寄本社退换

自1995年我国政府推出《全民健身计划纲要》以来，我国群众性体育活动蓬勃发展，取得了显著的成绩。2008年,举世瞩目的北京奥运会的成功举办,极大地激发了亿万人民群众的体育热情,增强了全社会的体育意识,营造了浓厚的全民健身氛围。面对这样的可喜局面,群众体育科研、教学工作者应义不容辞地为社会实践服务,从不同角度思考,如何使普通百姓通过简而易行的身体锻炼方式、方法和手段达到良好的健身效果,达到拥有健康的目标,从而享受生活、享受快乐人生。该书系就是在这样的思想指导下诞生的。

本书系能够顺应国家体育的大政方针,掌握时代脉搏,对指导大众健身,使大众掌握健身方法和手段有很好的促进作用。

本书系图文并茂,实用性强,分为球类运动、体操健身运动、传统武术、冰雪运动、水上运动、体育舞蹈、休闲运动、格斗运动、民间体育活动和极限运动等十大类项目,计100分册,按照统一的体例,力争有所创新。每册的具体内容为该项目的起源与发展、运动保健、基本技术、运动技巧、比赛规则等,使读者在学习过程中,不仅能够学会运动健身的方法,同时还能够学到保健方面的基本知识。

经国务院批准,自2009年起,将每年的8月8日定为"全民健身日"。《全民健身项目指导用书》的出版,必将为开展全民健身活动起到积极的推动和指导作用。

目录 CONTENTS

第一章 概述
第一节 起源与发展/002
第二节 场地和装备/004

第三章 八卦掌筑基功
第一节 基本腿功/028
第二节 基本步形/032
第三节 基本掌形/039

第二章 运动保健
第一节 自我身体评价/008
第二节 运动价值/012
第三节 运动保护/016

目录 CONTENTS

第四章 八卦九宫掌规定套路

第一节 九宫方位与起势/046
第二节 第一段/047
第三节 第二段/054
第四节 第三段/060
第五节 第四段/067
第六节 收势/074

第五章 比赛规则

第一节 比赛方法/076
第二节 裁判方法/077

第一章 概述

八卦掌又称"游身八卦掌""八卦连环掌",是一种以掌法变换和行步走转为主的拳术。由于它运动时纵横交错,分为四正四隅八个方位,与《周易》八卦图中的卦象相似,故名八卦掌。

第一节 起源与发展

八卦掌是我国流传很广的拳种，是武当内家拳三大名拳之一，也是道家养生、健身、防身阴阳掌的一种体现，因此，受到众多练习者的喜爱。

起源

八卦掌以八大桩法为转掌功，又集八大圈手于一体，下配一至八步的摆、扣、顺步法为基础，以绕圈走转为基本运动路线，以掌法为核心，在走转中全身一致，步似行云流水。

据考证，八卦掌是清朝末年河北文安县人董海川在江南游历时得到道家修炼的启示，结合武术加以整理而成。董海川的八卦掌，以走圆圈为基本运动形式，技法突出，且宜于健身，给人以耳目一新的感觉，顺应了当时武术的发展。董海川曾在清朝肃王府做拳师，故八卦掌很快在天津、河北、东北各省和内蒙古地区流传开来。

发展

随着八卦掌的发展，逐渐演化出不同的流派，并走上规范化道路，成为全民健身运动的有机组成部分。

流派

八卦掌的主要流派中较有影响的分支为尹氏八卦掌和程氏八卦掌。其他流派都与这两个流派有些渊源。

尹氏八卦掌是以尹福为代表。尹福从师于董海川，特点是以"牛舌掌"为基本掌形，以"鹤形步"为基本步法，其步法蹲、蹦、跳、跃似仙鹤飞腾，演练时动作刚猛，多穿点，尚直劲。

程氏八卦掌代表人物为程廷华。他 28 岁时拜董海川为师学习八卦掌，经过数十年的刻苦训练和日夜钻研，吸收了八卦、形意和太极的精华，创立了以"龙爪掌"为基本掌形、以"鸡形步"为基本步法的程派八卦掌。此派动作圆活，多摔法，尚横劲。

中华人民共和国成立以后，八卦掌被正式列为全国武术表演和比赛项目。

1963 年，人民体育出版社出版了姜容樵《八卦掌》一书，书中对八卦掌进行了系统的总结整理，目前再版发行已达百万册，推动了八卦掌的广泛传播。

现在，八卦掌已打破了传统家族式的传播，不仅传遍祖国各地，且已传播至美国、加拿大、新加坡、孟加拉和俄罗斯等国和地区，深受世界各国人们的喜爱。

为更广泛地开展群众性体育活动，增强人民体质，推动我国社会主义现代化建设事业发展，1995 年 6 月，国务院提出了《全民健身计划纲要》，号召全社会广泛开展全民健身运动。目前，全民健身运动在全国范围内蓬勃发展，具有中国特色的全民健身体系的框架已经初步形成。全民健身运动的开展，有利于提高人们的生活质量，丰富业余文化生活，促进社会进步，有利于加强社会主义精神文明和物质文明建设，提高我国的综合国力，振奋民族精神。

八卦掌内容丰富，形式多样，风格独特，运动简便，老少皆宜，具有广泛的群众基础。长期习练可以提高身体的协调性、灵敏性和柔韧性，有助于身体各部位的均衡发展，改善神经系统机能，对心血管系统有良好的作用。因此，随着全民健身运动的蓬勃发展，八卦掌已成为全民健身项目的重要组成部分。

第二节 场地和装备

八卦掌运动对场地和装备的要求不高，场地平整宽广，装备适用即可。

八卦掌的日常练习对场地要求不高，一块平整的场地即可，如果有良好的场地环境，运动效果会更佳。

(1)比赛场地为长 800 厘米、宽 800 厘米、高 60 厘米的方台；
(2)台中心画有直径 100 厘米的阴阳鱼图；
(3)台面边缘有 5 厘米宽的红色边线；
(4)台面四边向内 90 厘米处画有 10 厘米宽的黄色警戒线。

(1)木质结构的台面上铺有软垫，软垫上有帆布盖单；
(2)比赛台下四周铺有高 20~40 厘米、宽 200 厘米的保护软垫。

练习八卦掌对选手服装要求不高，一般来说，训练穿的服装无具体要求，只要是质地松软、穿着合体、活动方便的便装即可。

 鞋

　　八卦掌训练穿着一般运动鞋即可，鞋底应具有较好的弹性，软而不滑，鞋面配有系带，缚紧后不易脱落，有利于练习跳跃、腾空和击响等动作，能够适应于多种训练场地的练习。

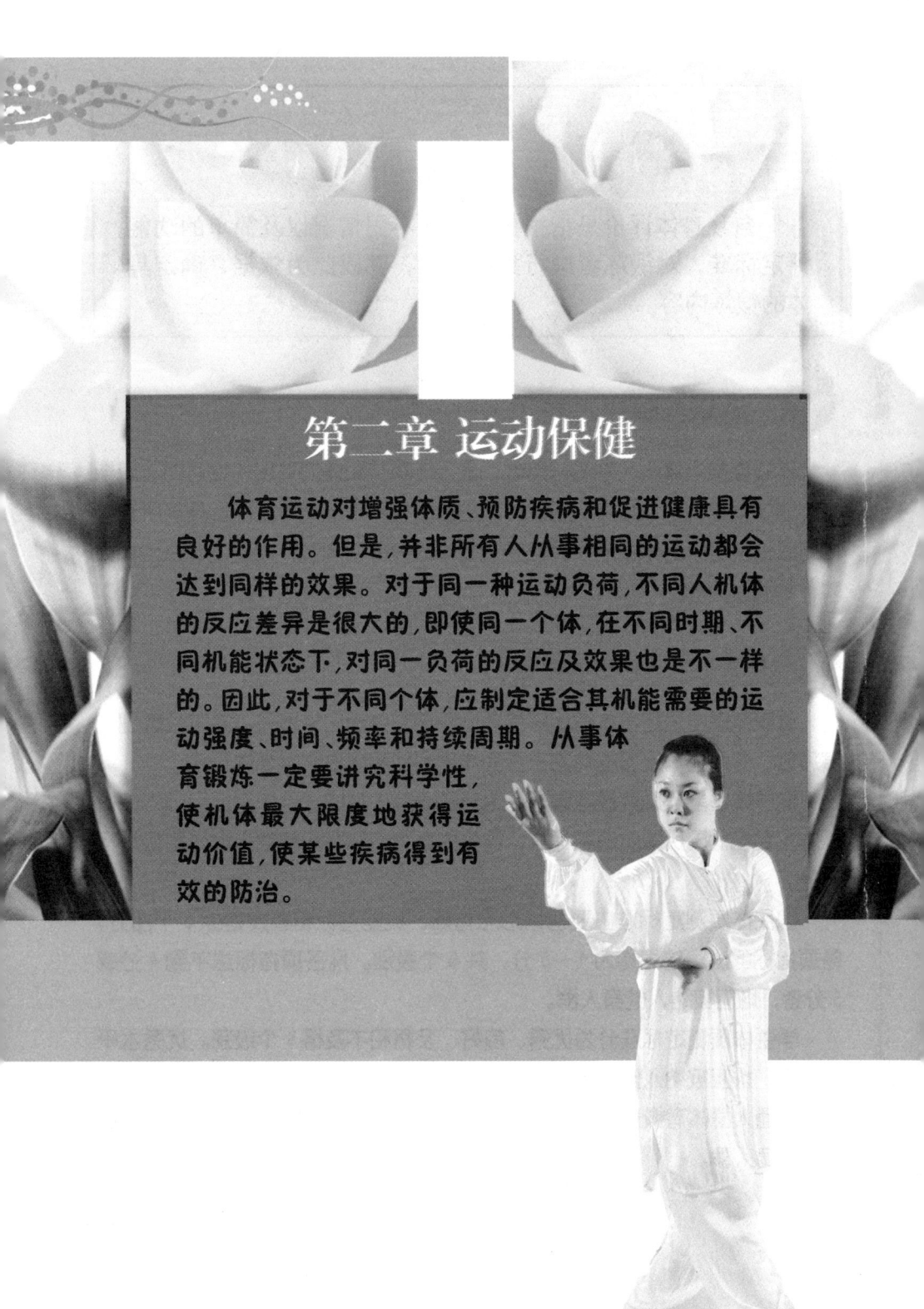

第二章 运动保健

体育运动对增强体质、预防疾病和促进健康具有良好的作用。但是,并非所有人从事相同的运动都会达到同样的效果。对于同一种运动负荷,不同人机体的反应差异是很大的,即使同一个体,在不同时期、不同机能状态下,对同一负荷的反应及效果也是不一样的。因此,对于不同个体,应制定适合其机能需要的运动强度、时间、频率和持续周期。从事体育锻炼一定要讲究科学性,使机体最大限度地获得运动价值,使某些疾病得到有效的防治。

第一节 自我身体评价

自我身体评价是指根据个体的不同情况以及简单的功能评定标准，对锻炼者进行身体评价，并以此为依据，确定具体的锻炼内容。

适宜人群

体适能是全身适应性的一部分，是人体精神和体力对现代生活的适应能力。为了促进健康，预防疾病，提高生活质量和工作学习效率，几乎所有人都可以追求健康的体适能，而且经过简单的评价和测试，均可以成为目标人群，即适宜人群。

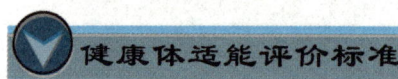

健康体适能评价标准

健康体适能是指身体有足够的活力和精力处理日常事务，而不会感到过度疲劳，并且还有足够的精力去享受休闲活动和应对突发事件。

健康体适能是确定锻炼者是否为运动适宜人群的主要依据。目前的评价标准主要包括国民体质测定标准、学生体质测定标准和普通人群体育锻炼标准等。

国民体质测定标准主要包括形态指标、机能指标和素质指标3个部分，各项指标的测定结果均为1~5分，共5个级别。凡各项指标达不到4分或5分者，均应被纳入健身人群。

学生体质测定标准分为优秀、良好、及格和不及格4个级别。优秀水平以下者，均应被纳入健身人群。

普通人群体育锻炼标准分为5个级别，凡达不到4分或5分者，均应纳入健身人群。

简易运动功能评定

简易运动功能评定的目的在于确定运动对象有无运动禁忌症或临时运动禁忌的情况,即是否适合参加体育锻炼,以达到防备万一,避免意外事故发生的目的。目前通行的方式是3分钟踏台阶测试。

目的

测试锻炼者运动后心率恢复的情况,以评估其心肺功能。

器材 见图2-1-1

30厘米高的长凳、节拍器、秒表和时钟。

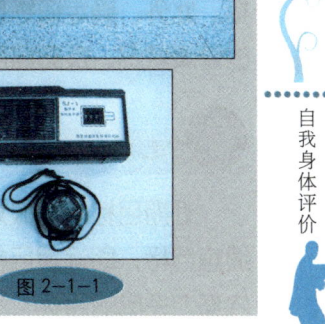

图2-1-1

步骤 见表2-1-1

(1)节拍器设定为每分钟96次,锻炼者依"上上下下"的节拍运动3分钟。

(2)锻炼者完成3分钟踏台阶后,5秒钟内开始测量其脉搏,时间为1分钟,记录其心率,并依据下表评价其功能水平。

(3)运动后心率越低,证明其心肺功能越好。在运动强度允许的范围内,锻炼者可选择运动强度的较高值来进行运动。

表2-1-1 3分钟台阶测试评价表

	年龄(岁)	欠佳(次)	尚可(次)	一般(次)	良好(次)	优异(次)
男士	18~25	>115	105~114	98~104	89~97	<88
	26~35	>117	107~116	98~106	89~97	<88
	36~45	>119	112~118	103~111	95~102	<94
	46~55	>122	116~121	104~115	97~103	<96
	56~65	>119	112~118	102~111	98~104	<97
	65+	>120	114~119	103~113	96~102	<95
女士	18~25	>125	117~124	107~116	98~106	<97
	26~35	>128	119~127	111~118	98~110	<97
	36~45	>128	118~127	110~117	102~109	<101
	46~55	>127	121~126	114~120	103~113	<102
	56~65	>128	118~127	112~117	104~111	<103
	65+	>128	122~127	115~121	101~114	<100

注意事项

如受试者经过努力仍无法完成测试，或出现头晕、胸闷、出冷汗等症状，应终止测试。运动中应特别考虑运动强度，以防出现意外。

锻炼目标

锻炼目标应根据个体不同的身体状况来确定，可分为近期目标和远期目标。此外，确定锻炼目标还应结合锻炼者的运动意向、愿望和兴趣以及本人的健康状况、疾病程度等因素。

近期目标

近期目标是指锻炼者近期应达到的目标。在进行运动之前，应首先明确锻炼目标，即近期目标。选择一两个健康体适能构成要素，作为未来两个月内努力完成的目标，而且应从成功概率较高的构成要素开始，并将预期两个月后要达到的目标做上记号，如提高某个或某些关节的活动幅度，增强某个肌肉群的力量等。

远期目标

远期目标是指锻炼者最终要达到的目标。实践证明，经过科学合理的锻炼后，锻炼者是可以达到一般的远期目标的，如提高心肺功能，使其达到优秀的等级，或达到降血脂、防治高血压和冠心病的目的等。

运动负荷

运动负荷即运动量。怎样控制运动量，合适的运动时间是多少等，一直是人们争论不休的问题。但有一点是可以肯定的，那就是任何有关身体活动的意见和建议，都需要综合考虑锻炼者的身体状况和所要达到的目标，并以此为依据来制订科学的身体锻炼计划。

运动强度

运动过程中,运动强度过小,达不到锻炼的效果;运动强度过大,不仅达不到最佳的锻炼效果,还可能产生一些副作用,甚至出现意外事故。确定运动强度有两种方法。

心率简易推测法

(1)年龄在 20 岁左右的年轻人,身体健康,能坚持体育锻炼,欲进一步提高身体机能,可取最大心率值(最大心率值=220-年龄)的 65%~85%。

(2)年龄在 45 岁以下,身体基本健康,有运动习惯者,开始进行健身锻炼,可取最大心率值的 65%~80%,没有运动习惯者,开始进行健身锻炼,可取最大心率值的 60%~75%。

(3)年龄在 45 岁以上,身体基本健康,有运动习惯者,开始进行健身锻炼,可取最大心率值的 60%~75%,没有运动习惯者,建议根据自身情况咨询专业人员来指导和确定运动强度。

主观感觉疲劳分级表推测法   见表 2-1-2

运动的疲劳程度大致分为 10 级,具体为:0~1 级,没感觉;2~3 级,尚轻松;4~5 级,稍累;6~7 级,累;8~9 级,很累;10 级,精疲力竭。因此,健身锻炼的运动强度应控制在主观感觉疲劳程度的 4~7 级。

表 2-1-2　主观感觉疲劳分级表

0 轻松	·	2 尚轻松	·	4 稍累	·	6 累	·	8 很累	·	10 精疲力竭

运动频率

运动频率是指每日及每周锻炼的次数。一般每周锻炼 3~4 次，即隔日锻炼 1 次即可。有充足的休息时间，可使身体得到充分的休息，收到更好的锻炼效果。

运动持续时间

运动强度和运动持续时间，决定了一次锻炼的运动量和热量消耗。运动持续时间与运动强度成反比，运动强度大，运动持续时间可相应缩短，运动强度小，则运动持续时间应相应延长。

一般的健身锻炼，运动持续时间以每天 20~60 分钟为宜，其中包括准备活动时间、健身锻炼时间和整理活动时间。每次健身锻炼应在 20 分钟以上，锻炼可一次性完成，也可分段进行，但每段的活动时间应在 10 分钟以上。

第二节 运动价值

运动价值一直是人们探讨的问题，一般认为运动具有两方面的价值，即健身价值和心理价值。身体和精神的健康是相互依存的，伴随着身体功能的改善，精神状况逐渐也能同时得到改善。

健身价值

健身价值在于提高体适能。体适能包括心肺耐力素质、肌肉力量素质、柔韧性素质和身体成分等。体适能的发展是积极从事锻炼的结果，只有规律性的体育锻炼才能达到最佳的体适能。

提高心肺耐力素质

心肺耐力是指全身肌肉进行长时间运动的持久能力，是体内心肺系统对身体各细胞的供氧能力。人体的心脏、肺、血管、血液等组织的功能是心肺耐力的基础，它们与氧气和营养物质的输送以及代谢物的清除有关。健全的心肺功能是健康的基本保证。

系统的体育锻炼，可以使心肌增厚，收缩力加强，心室容积增大，从而使心脏的泵血功能增强，表现为心血输出量增加。

系统的体育锻炼，呼吸系统机能也将得到提高，表现为呼吸肌的力量增强，肺活量、肺通气量明显增加，保证对机体供氧的能力。

系统的体育锻炼，可以促进血管系统的形态、机能和调节能力产生良好的适应力，从而提高机体的工作能力。

系统的体育锻炼，可以使血液系统产生某些适应性变化，如血容量增加、血黏度下降、红细胞膜弹性增强和红细胞变形能力增强等。

提高肌肉力量素质

肌肉力量是指肌肉最大收缩产生的对抗阻力或负荷的能力。肌肉力量只有达到一定的程度，才能克服外界阻力，而克服外界阻力是维持日常生活自理、从事各种劳动和运动的必要前提。

系统的体育锻炼，可以提高肌肉的生理横断面积，可以改善神经系统对肌肉收缩的支配功能，还可以提高肌肉内代谢物质的储备量，使肌肉力量得到提高。

提高柔韧性素质

柔韧性是指人体各关节的活动幅度，即关节的肌肉、肌腱和韧带等软组织的伸展能力。柔韧性对于保证正常生活质量、维持正常体态、预防损伤发生和减轻损伤程度等方面均起到至关重要的作用。

系统的体育锻炼，还可以延缓因年龄因素而导致的柔韧性下降，预防因缺乏运动而导致的关节结构、周围软组织和膝关节肌肉退化，从而使锻炼者的日常生活、劳动和运动等更加充满活力。

改善身体成分

身体成分是指人体体重中的脂肪组织和去脂组织的重量百分比。身体成分中的脂肪成分增加，肌肉成分必然下降。身体中不具备收缩功能的脂肪组织增加，必然导致身体进行各种活动的能力下降，基础代谢水平降低，肥胖症、冠心病、高血压、糖尿病、高血脂等慢性疾病发病率的提高。因此，身体成分是保证人体健康的重要内容之一。

通过系统的体育锻炼，随着锻炼者体质的增强，热量消耗便随之增加，进而燃烧掉体内多余的脂肪，使身体成分得到改善。而身体成分的改善，又可以减少体重对关节可能带来的不利影响，还可以使肥胖者的心理状况得到改善，增强其自信心，使其逐步建立起健康的生活方式。

心理价值

研究证明，有规律的体育锻炼不但可以使锻炼者增强体质、促进身体健康、预防一些慢性疾病，还可以提高锻炼者的生活满意度和生活质量，对其心理健康产生积极影响。

体育锻炼的心理健康效应主要表现在六个方面：

改善情绪状态

短期效应

研究发现，体育锻炼对人的情绪状态具有显著的短期效应。运动后人们的焦虑、抑郁、紧张和心理紊乱等症状会明显减轻，而精力和愉快程度则会明显增强。而且这种情绪的迅速变化，与锻炼者个体的健康状况、活动形式和活动强度等有着直接的联系。

长期效应

体育锻炼对人情绪的长期效应有着直接的影响，与不锻炼者相比，有规律的锻炼者在较长时期内很少会产生焦虑、抑郁、紧张和心理紊乱等情绪。

完善个性行为特征   见表 2-2-1

人们的行为特征一般可以分为两种类型，用 A 型行为特征和 B 型行为特征来表示。A 型行为特征主要表现为性情急躁、争强好胜、容易激动、整天忙碌和做事效率高等。B 型行为特征主要表现为不好竞争、不易紧张、不赶时间、对人随和、喜欢自由自在等。具有 A 型行为特征的人由于过度紧张的情绪反应，会引起内分泌失调，增加心脏病发病的概率。目前的一些研究主要集中在体育锻炼对改变 A 型行为特征的作用方面。研究结果表明，有规律的体育锻炼能明显改变 A 型行为特征。

表 2-2-1　A、B 型个性行为特征常见表现

A 型行为特征者常见表现	B 型行为特征者常见表现
约会从来不迟到	对约会很随便
竞争意识很强	竞争意识不强
别人要讲话时总爱抢先或插话	是别人讲话时很好的听众
总是匆匆忙忙	即使有压力也从不匆忙
等待时缺乏耐心	能够耐心等待
干事时全力以赴	处事漫不经心
同时想干很多事	在一段时间里只干一件事情
讲话喜欢用加强语气，甚至敲桌子	讲话语速缓慢、不慌不忙
做了好事希望能得到别人的认可	只要自己满意即可，不管别人怎样想
吃饭、走路都很快	做事情很慢
不善与人相处	为人随和
容易暴露自己的感情	能控制自己的感情
具有广泛的兴趣	没什么业余爱好
雄心壮志	满足于目前的工作和学习状况

确立良好自我概念

自我概念是指个体对自己身体、思想和情感的主观整体评价，它由许多自我认识组成，包括我是什么人、我主张什么和我喜欢什么等。

坚持体育锻炼，可以使锻炼者体格强健、精力充沛、提高驾驭身体的能力，从而改善对自身的满意程度，确立良好的自我概念。

改变睡眠模式

根据脑电图的显示，人的睡眠可以分为两种状态，即慢波睡眠状态和快波睡眠状态。前者为浅度睡眠状态，后者为深度睡眠状态。一夜之间两种睡眠状态会交替发生 4～5 次。

有规律的体育锻炼不仅对慢波睡眠有促进作用，而且能缩短入眠的潜伏期，并延长睡眠的时间。

改善认知能力

体育锻炼还能改善人的认知过程，避免反应时间过长、注意力不集中和思维混乱等症状的发生，尤其对老年人的认知能力改善效果更为明显。

增加心理治疗效应

体育锻炼被公认为是一种心理治疗的好方法。目前人群中常见的心理疾患是抑郁症和焦虑症。研究发现，体育锻炼是治疗抑郁症的有效手段之一，抑郁症患者经过有规律的体育锻炼，抑郁症状能明显减轻。

体育锻炼还具有治疗焦虑症的作用，通过有规律的体育锻炼，可以使锻炼者的焦虑症状明显改善。

第三节 运动保护

在运动过程中，人体机能会随时发生变化。因此，应针对这种机能变化的特点来进行体育锻炼，也就是我们所说的运动保护。运动保护一般包括运动前准备、运动后放松和自我养护三个方面。

运动前准备

准备活动是指在正式运动之前进行的有目的的身体练习。做好充分的准备活动，可以缩短机体进入最佳状态的时间，同时还可以预防运动损伤的发生，为机体发挥最大的工作效率做好功能上的准备。

准备活动的作用

提高中枢神经系统兴奋状态

（1）使大脑反应速度加快，参加活动的运动中枢神经相互协调。

（2）为正式运动时生理机能达到适宜程度提前做好准备。

提高机体代谢水平

（1）准备活动可以使锻炼者体温升高，降低肌肉黏滞性，使肌肉的伸展性、柔韧性和弹性增强，从而有效预防运动损伤的发生。

（2）准备活动可以增强体内代谢酶的活性，使物质代谢水平提高，以保证运动时有较充分的能量供应。

克服内脏器官生理惰性

（1）准备活动可以提高心血管系统和呼吸系统的机能水平，使肺通气量及心血输出量增加。

（2）可以使心肌和骨骼肌的毛细血管扩张，使其工作肌获得更多的氧，从而克服内脏器官的生理惰性，使之尽快达到最佳状态。

增加皮肤毛细血管的血流量

准备活动可以使皮肤毛细血管的血流量增加，运动后毛细血管扩张，有利于散热，降低体温，有效防止开始正式活动时由于体温过高而影响运动能力。

准备活动要求

准备活动时间

（1）准备活动的时间可以根据运动项目的具体情况确定，一般以10～30分钟为宜。

（2）准备活动与正式运动的间隔时间，一般以不超过15分钟为宜，可以在做完准备活动后立刻进行正式运动。

❈ 准备活动强度

(1)准备活动的强度和量应较正式运动小，以免引起不必要的疲劳。

(2)准备活动的量可以由心率来决定，心率以100～120次／分为宜。

▼ 准备活动内容

❈ 一般性准备活动

一般性准备活动的内容多以伸展运动开始，然后进行一般性的跑步、徒手体操等活动。

下面介绍一套常用的一般性准备活动操，供锻炼者运动前使用。这套活动操主要包括头部运动、肩部运动、扩胸运动、体侧运动、体转运动、髋部运动和踢腿运动等。

头部运动

头部运动的动作方法（见图2-3-1）：两手叉腰，两脚左右开立，做头部向前、向后、向左、向右，以及绕环运动。

图2-3-1

肩部运动

肩部运动的动作方法（见图2-3-2）：手扶肩部，屈臂向前、向后绕环，以及直臂绕环。

扩胸运动

扩胸运动的动作方法（见图2-3-3）：屈臂向后振动及直臂向后振动。

体侧运动

体侧运动的动作方法（见图2-3-4）：两脚左右开立，一手叉腰，另一臂上举，并随上体向对侧振动。

体转运动

体转运动的动作方法（见图2-3-5）：两脚左右开立，两臂体前屈，身体向左、向右有节奏地扭转。

髋部运动

髋部运动的动作方法（见图2-3-6）：两脚左右开立，两手叉腰，髋关节放松，向左、向右360度旋转。

图2-3-2

图2-3-3

踢腿运动

踢腿运动的动作方法（见图 2-3-7）：两臂上举后振，同时一腿向后半步，重心置于前腿，两臂下摆后振，同时向前上方踢腿。

图 2-3-4

图 2-3-5

图 2-3-6

图 2-3-7

专门性准备活动

专门性准备活动的动作方法、节奏和强度等与正式锻炼相似，目的是使人体主要肌群在运动前得到动员，为正式锻炼做好准备。

运动后放松

运动后放松是指运动之后所进行的一些能够加速机体功能恢复的、较轻松的身体活动。与运动前准备活动相反，其目的是使锻炼者的生理机能水平逐步得到恢复。

放松方法

运动性手段

（1）运动结束后，锻炼者可采用变换运动部位的方法来消除疲劳，如上肢出现疲劳时可做一些慢跑运动，下肢出现疲劳时可做一些上肢运动。

（2）转换运动类型也是一种不错的放松方法，如打羽毛球出现疲劳时，可从事瑜伽运动来达到放松的目的。

（3）还可以用调整运动强度的方法来缓解疲劳，如可以在放松过程中，采用小强度的轻微运动方法等。

整理活动　见图 2-3-8

（1）整理活动是指运动后所做的一些能够加速机体功能恢复的身体活动，如剧烈运动后进行 3~5 分钟慢跑或其他整理活动，使身体机能得以恢复。

（2）剧烈运动后如不做整理活动而骤然停止动作，会影响氧气的补充和静脉血的回流，使机体血压降低，引起不良反应。

运动保健

图 2-3-8

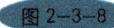

注意事项

（1）在进行整理活动时动作应缓慢、放松，运动量不要过大，否则会引起新的疲劳。

（2）在进行整理活动时，应当保持心情舒畅、精神愉快。

自我养护

锻炼后，锻炼者感觉身体疲劳是一种正常的生理现象，是体育锻炼过程中的正常反应，随着体育锻炼时间的延长，疲劳症状会自然消失。运动性疲劳出现后，锻炼者如果采用一些自我养护措施，可以加速身体机能的恢复，尽快消除疲劳，提高锻炼效果。常见的自我养护方法主要包括运动后休息、合理营养和物理手段等三种。

运动后休息

 静止性休息 见图 2-3-9

（1）静止性休息是指锻炼者运动后保持机体相对的静止状态，以促进身体机能的恢复，尽快消除疲劳。

022

（2）静止性休息的最佳方式之一是睡眠，特别是刚开始从事锻炼者，身体不适应或疲劳症状明显时，更应该保证足够的睡眠，否则，锻炼者虽然积极参加了体育锻炼，但收效甚微，甚至会导致过度疲劳症状的发生。

（3）静止性休息更适合于消除全身运动导致的整体疲劳症状。

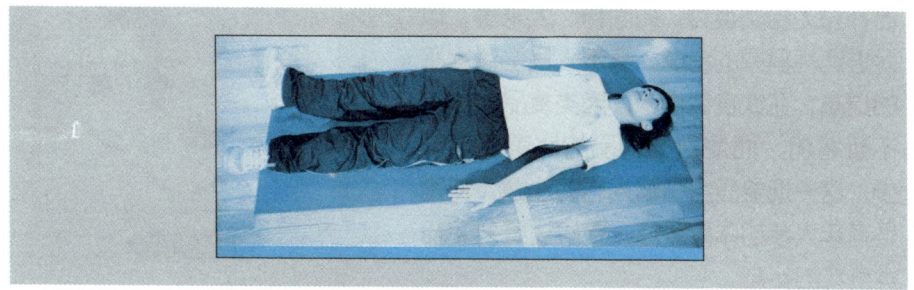

图 2-3-9

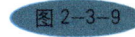 积极性休息　见图 2-3-10

（1）积极性休息更适合由于少量肌肉群参与工作而导致的局部疲劳，或运动强度较大而导致的快速疲劳。

（2）积极性休息可以加速血液循环，有利于代谢物排出体外，对促进身体机能的恢复具有明显的效果。

图 2-3-10

合理营养　见图 2-3-11

小强度、长时间的运动形式，主要是靠糖原的有氧代谢提供能量。运动后应及时补充淀粉类食物，如面粉、大米等，以促进消耗糖原的合成。随着人民生活水平的提高，在饮食结构中，肉类食品的比重不断增加，而淀粉类食品的比重逐渐减少，这一现象应当引起人们的注意，特别是老年人参加体育锻炼，更应注意对淀粉类食物的补充。

图 2-3-11

强度较大、时间又相对较长的运动形式，主要是靠糖原的无氧代谢提供能量。这样，糖原无氧代谢产物——乳酸便会在体内大量堆积。因此，运动后应多补充蔬菜、水果等碱性食品，以加速乳酸的清除，达到尽快消除疲劳的目的。

物理手段

按摩及牵拉　见图 2-3-12

（1）通过刺激神经末梢、皮肤结缔组织和毛细血管的按摩方法，可以使紧张的肌肉得以放松，从而改善局部组织和全身的血液循环，达到促进身体机能恢复的目的，这种方法可以在锻炼后马上进行。

（2）此外，还可以采取缓慢牵拉肌肉的方法，使收缩的肌肉得到充分的伸展放松。

水疗及电疗

（1）水疗包括芬兰式蒸汽浴、热水浴和桑拿浴等多种形式，主要作用是通过提高体温，促进血液循环，清除代谢物，以达到尽快消除疲劳、恢复体力的目的。

（2）水疗的时间一般以不超过 30 分钟为宜，如果时间过长，会进一步消耗体力，严重时甚至会出现暂时性脑缺血现象。

（3）如果条件允许，还可对疲劳的肌肉进行低频治疗。低频治疗仪的原理是模拟针灸疗法，使用时将电极用不干胶对称地粘贴在运动部位表皮上。这种疗法可以促进局部血液循环，改善组织代谢，缓解肌肉酸痛，消除疲劳。

图 2-3-12

第三章 八卦掌筑基功

八卦掌具有悠久的历史和丰富的文化基础,八卦掌在长期的习练过程中保留了具有特色的基本功技术,为习练者更好地掌握八卦掌奠定了良好的基础。习练八卦掌主要掌握腿功、步形、掌形和步法。

第一节 基本腿功

武术中的任何一个拳种，都要求有扎实的基本功，但不同的拳种有不同的要求。八卦掌是以练内功为主的拳种，要求做到调身、调心、调息。演练时流畅大方，奔放而有神韵，这就需要有良好的腰腿功夫。

前桥压腿

动作方法 见图 3-1-1

两腿左右平行分开，相距约两肩宽，腿要伸直，膝关节向后挺，脚尖里扣。提项直颈，挺胸塌腰，使整个脊柱最大限度地拉开，并以胯为轴上体前屈。要求以胸靠近地面，反复下压。

技术要点

保持以上姿势不变，将上体转向左(右)腿。要求以胸部靠近膝关节，头部尽量贴近左(右)脚面。

错误纠正

膝关节由于上体前倾，导致膝关节后挺不够，动作幅度不大导致动作下肢错误，因此前桥压腿时应注意膝关节的动作方法。注意体会躯干拉伸，是前桥压腿的重要作用之一。

图 3-1-1

前俯叉腿

动作方法 见图 3-1-2

一腿弯曲下坐,另一腿向前直伸,膝关节下压,脚尖勾回,两手抱脚。

技术要点

要求以嘴去靠近脚尖,左右式可互换练习。

错误纠正

膝关节下压不足。由于身体前倾以及视角原因,不会注意到膝关节下压幅度。因此,训练中应注意膝关节下压角度,上体与腿尽量贴近为动作目的。

图 3-1-2

仆步压腿

动作方法 见图 3-1-3

一腿弯曲全蹲,重心下降,另一腿在体侧仆平伸直,脚尖里扣。

技术要点

身向侧面,两手抱住脚面,用力以胸部向直腿贴近,左右式可互换练习。

图 3-1-3

错误纠正

胸部贴近全蹲腿，无法将重心立足于后腿。纠正方法为全蹲腿对应脚外翻45度，重心置于全脚掌。身体保持平衡。

弓步压腿

动作方法　见图3-1-4

前腿膝关节弯曲弓呈直角，脚尖略内扣，后腿伸直，以胯为重心反复下压，左右式可互换练习。

技术要点

后腿膝关节略弯曲，以胯为重心反复下压，左右式可互换练习。

错误纠正

前腿膝关节弯曲过大。因此，做动作时膝关节不应超过前脚脚尖向后不能超过足跟。

图3-1-4

正压腿

动作方法　见图3-1-5

以压左腿为例，正面向矮墙或垒木站立，左腿抬起架于矮墙或垒木上，髋关节内收，臀部成平面，膝关节下压，脚尖回勾，右腿支撑，脚尖向前，左臂向上，左掌架于头

图3-1-5

顶上方，右臂弯曲，架于胸前。

技术要点

上体最大限度地伸直并向前屈，以鼻尖贴近脚尖，左右式可互换练习。

错误纠正

双腿脚尖方向不一致。因此，应照镜子练习或同伴辅助纠正错误动作，动作幅度根据自身柔韧性适当掌握。

侧压腿

动作方法 见图 3-1-6

以压左腿为例，侧面向矮墙或垒木站立，左腿侧抬架于矮墙或垒木上，髋关节外展，臀部成平面，膝关节下压，脚尖回勾，右腿支撑，脚尖向前，右臂向上，右掌架于头上，左臂弯曲，撑架于胸前。

图 3-1-6

技术要点

上体最大限度地伸直，左肩侧下压，以肋部贴近腿，以耳找脚尖，左右式可互换练习。

错误纠正

小腿弯曲。因此，应体会胯关节感觉，循序渐进拉伸韧带，注意小腿不宜弯曲，初次习练者可让同伴辅助压腿。

第二节 基本步形

八卦掌步形变化比较多，八卦掌的基本步形主要有：弓步、半弓步、马步、半马步、虚步、歇步、仆步、半扣步、扣步、过扣步、半摆步、摆步、过摆步、桩步和行步。

弓步

动作方法 见图 3-2-1

前腿弓起，小腿与地面垂直，大腿与地面平行，脚尖向前、略向里扣，全脚掌着地，后腿挺直，脚尖内扣约 45 度。

技术要点

（1）重心偏于前腿，一般在推力时用。

（2）挺胸，塌腰，沉髋，前脚与后脚跟内侧呈一直线。

图 3-2-1

错误纠正

弓步腿对应脚易拔跟。因此，应主动用力控制足跟不要拔跟。同时，后腿脚尖内扣不够，对照镜子习练，纠正错误动作。

 马步

动作方法 见图 3-2-2

两脚平行站立，脚尖向前略外，全脚掌着地，脚趾抓地，膝部要弓，大腿与地面平行，圆裆开胯，保持小腿与大腿垂直，重心位于两脚之间。

技术要点

（1）腰向后抽，臀向前溜；
（2）两脚平行开立，约本人脚长的三倍，直背，膝略内扣。

错误纠正

两脚不平行。纠正方法为做动作时，注意脚尖角度，刻意内扣，两脚五趾主动扒地定牢。

图 3-2-2

 半马步

动作方法 见图 3-2-3

以左式为例，先站好马步的姿势，左脚脚尖向左外摆，使左脚和右脚的方向垂直，左膝向左侧，右膝保持马步时的姿势。

技术要点

重心偏于右脚。

图 3-2-3

基本步形

错误纠正

支撑脚脚尖习惯性外翻。纠正方法为刻意制止或对照镜子练习。

虚步

动作方法 见图 3-2-4

一脚全脚掌着地,另一脚提起脚跟,前脚掌着地。

技术要点

(1)重心偏于实脚;
(2)两脚平行开立,直背,膝略内扣。

错误纠正

重心靠后,后脚脚尖外翻大于45度,前脚点地,未能达到即发即用。因此,应对照镜子练习纠正脚尖角度,前脚在习练过程中放松点地。

图 3-2-4

歇步

动作方法 见图 3-2-5

两腿交叉,屈膝下蹲,重心偏于前腿,前脚脚尖外摆,全脚掌着地。

技术要点

(1)后脚脚尖对准前脚脚跟,相距约同肩宽,后脚跟提起;
(2)挺胸,塌腰,两腿靠拢贴紧。

错误纠正

后脚脚尖对不准前脚脚跟，或忽视下盘脚上动作。因此，应对照镜子，侧面动作进行纠正。

图 3-2-5

仆步

动作方法 见图 3-2-6

以左式为例，右腿屈膝下蹲，脚尖略外摆，左腿在体侧横向仆平伸直，脚尖里扣。

技术要点

（1）两脚掌着地，脚趾抓地，重心偏于右腿；

（2）两脚开立约本人脚长的四倍，挺胸，塌腰，沉髋。

错误纠正

脚尖内扣不足，由于习练者柔韧性不够，导致做动作时，后脚脚尖内扣不够，同时容易拔跟，因此应增加身体柔韧性。

图 3-2-6

扣步

动作方法 见图 3-2-7

右(左)脚脚尖对准左(右)脚的中间,两脚之间呈 90 度角,呈丁字形,两膝相顶。

技术要点

(1)两脚距离要根据膝部的屈度而定,一般是在回身发力时采用;

(2)注意挺胸、塌腰、沉髋,动作舒展。

图 3-2-7

错误纠正

两脚距离不易过大或过小,容易导致无法回身。因此,应多次习练,选择自身适宜的距离。

走圈步法的基本要求

动作方法 见图 3-2-8

(1)步子走正确十分重要,走圈时里足直进,外足向里扣,外足里扣的角度随圈子大小而定,一般在 45~60 度之间;

(2)里足直行时,严禁前足尖向圈子里面倾斜,与外足在直走的过程中应在一条直线的两侧。

技术要点

行进速度得体,上下肢协调移动,保持重心高度。

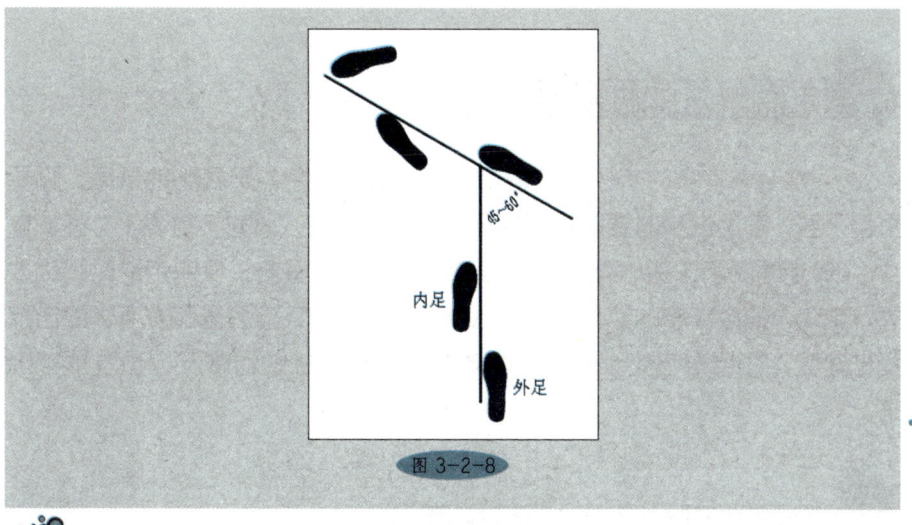

图 3-2-8

走圈步法的腿部要求

 动作方法 见图 3-2-9

（1）练习八卦掌时要求腿部"曲腿趟泥"，两腿呈剪子形状，转掌时两腿做适度弯曲，腿似直不直，似弯不弯，转掌站立时前腿的膝关节与前足脚后跟上下相垂直，后胯与后足脚后跟上下相垂直；身体的左右两侧垂直于两腿外侧的边；

（2）此时要做到上身为三分力，下身为七分力，前腿为三分力，后腿为七分力。

图 3-2-9

技术要点

站立时，前腿收脚，身体应保持不动。转掌向前移动时，身体应保持平稳状态。

走圈步法的脚部要求

（1）八卦掌转掌时步子要若趟泥之状，足心涵空，足底贴地直行，脚要平起平落，前足进步时要贴近支撑足的内踝骨而进，离地不得高于寸许；

（2）走圈脚步法的偏移，脚后跟先起，脚尖先着地，身体走动时起伏太大，也有人把少林拳的动作安插在八卦掌的步子里，这会影响八卦掌的击技变化速度，在与对方交手时无法有效变换姿势，寸劲的爆发力也发挥不出来。

对换式摆扣步应用的要求

八卦掌在技击上能够千变万化，关键在于八卦掌在走转换式时使用的摆步和扣步。有人用丁字步，也有人用八字步。在练习摆扣步应用时要做到以下几点：

（1）在使用八卦掌的摆扣步与对方交战时，能够做到单次使用，也要能（在一次性进攻和防守中）接连重复或多次使用；

（2）使用八卦掌的摆扣步由单脚依次变化，也可以双脚同时走变化；

（3）做到八卦掌摆扣步在原地变换不动位置，同时能用前脚的"锉"直接打击对方双脚部位，并使对方失去重心；

（4）八卦掌的摆扣步使用时，看着人在往前变，实际却往后方走，出其不意打击后面之敌。

第三节 基本掌形

八卦掌的基本掌形主要有穿掌、挑掌、劈掌、砸掌、推掌、托掌、削掌、撞掌、撩掌、插掌和掖掌。

穿掌

动作方法 见图 3-3-1

两掌四指并拢，拇指内扣，掌似牛舌，左(右)掌从右(左)臂腋下、肘下、掌下穿出。

技术要点

右(左)臂屈肘收回至胸前，目标为敌之面部或颈部。

错误纠正

穿掌，路线与掌尖相同。因此，应对照镜子进行自我调整，意念击打对方面部或颈部。

图 3-3-1

挑掌

动作方法 见图 3-3-2

左(右)掌前穿上挑。

技术要点

目标上盘挑臂，下盘挑裆。

图 3-3-2

错误纠正

挑掌用力不够，方向不准。因此应在习练时，明确挑掌攻防含义、力度及动作形态美。

劈掌

动作方法　见图 3-3-3

右（左）掌横立，力在小鱼际。

技术要点

似刀劈柴，亦有直劈和斜劈之分。

错误纠正

力点在掌根，掌抡方向不准。方法为由同伴帮助纠正错误。

图 3-3-3

砸掌

动作方法　见图 3-3-4

双拳或双掌发力，力在拳背。

技术要点

正砸或斜砸连双撞。

错误纠正

双撞时，发力脱节。因此，应反复练习，体会发力原理。

图 3-3-4

 推掌

动作方法 见图 3-3-5

右手立掌向前推出,掌心向前。

技术要点

力在掌根,小臂屈伸不直,掌根沿出掌方向推出。

错误纠正

耸肩推掌。因此,应力达掌根,手臂沿掌根方向推掌。

图 3-3-5

 托掌

动作方法 见图 3-3-6

左掌心向上托起。

技术要点

一般左(前)掌托,右(后)掌带、领或搬、扣,转身则可变摔,左右手臂协调用力,大臂带动小臂完成动作。

错误纠正

大小臂动作不协调。因此,左右掌为摔法的协调发力动作,由身体协调配合手臂发力。

图 3-3-6

削掌

动作方法 见图 3-3-7

右掌心向上，掌伸平，以腰带肩，以肩带肘，以肘带掌，平面削出。

技术要点

目标多在对方颈部。

错误纠正

协调发力动作不准。因此，应由身体协调配合手臂发力。

图 3-3-7

撞掌

动作方法 见图 3-3-8

掌心向前，双掌或单掌快速发力向前撞出。

技术要点

力在掌根，目标为敌之胸部。

错误纠正

撞掌力度的掌握不够。因此，应协调发力，力发全身。

图 3-3-8

撩掌

动作方法 见图 3-3-9

右掌心斜向前，掌力在根节或梢节。

技术要点

向任何一个方向撩打，大臂带动小臂，协调发力。

错误纠正

手臂直臂撩打。因此，应大臂带动小臂，小臂带动掌，顺次发力撩打。

图 3-3-9

基本掌形

第四章　八卦九宫掌规定套路

八卦掌作为我国武术的优秀拳种,有着根深蒂固的群众基础,在民间流行的八卦掌套路主要有:基本八掌,八大掌,八卦九宫掌以及八卦游身连环掌等,以下主要介绍八卦九宫掌的主要技法,全套动作共计38个招式。

第一节 九宫方位与起势

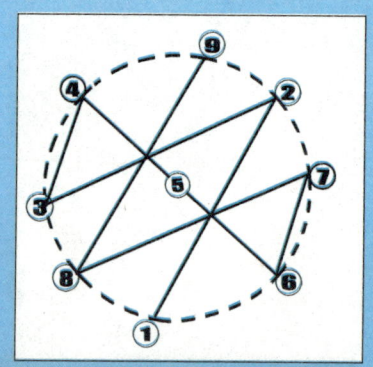

八卦九宫掌是按九宫方位和顺序练习掌法的套路，把每一个方位假设为一个对手练习攻防技术。九宫方位见右图，圈直径 4 米。

起势

动作方法 见图 4-1-1

（1）面对圆心在方位①站立，头正颈直，略收下颌，嘴略闭，舌抵上颌，含胸圆背；

（2）双肩双臂向下松垂，双足并立，精神贯注，二目平视；

（3）双臂外旋，肋部略屈，掌心向上，经体侧徐徐托起，高与眉齐，吸气收腹，二目向前平视；

（4）双臂里旋，向内屈肘，掌心向下，掌指相对，在体前徐徐下落，置于小腹前，同时坐身屈膝，呼气松腹，气沉丹田，二目向前平视；

（5）向前上右步，同时双臂外旋，掌心向上，掌指向前，右掌在前、左掌在后向面前穿出。

技术要点

沉肩坠肘，气沉丹田。

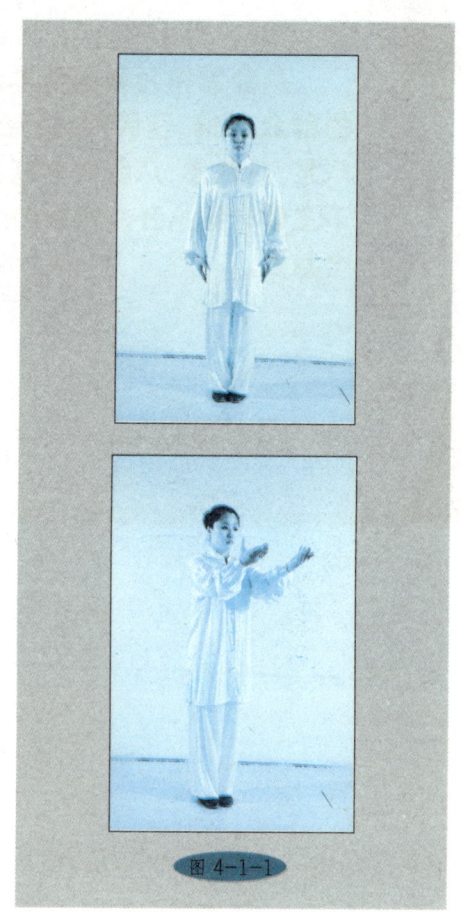

图 4-1-1

第二节 第一段

八卦九宫掌规定套路第一段包括：进步穿掌、转身蹬腿、转身撞掌、行步撩掌等动作。

进步穿掌

动作方法 见图 4-2-1

（1）向方位⑤上左步，同时左掌掌心向上，自右臂下向前穿出，目视前方；

（2）向方位②上右步，同时右掌掌心向上，自左臂下向方位②穿出，二目前视。

技术要点

右臂穿出时随身体转动，二目随手而行。

图 4-2-1

转身蹬腿

动作方法 见图 4-2-2

（1）以右足跟为轴，向右拧身坐步呈歇步，右掌变勾，勾至左肩前，左臂自然下垂，目视前方；

（2）向右侧仰，左腿屈膝提起，向身体左侧的方位②蹬出；

（3）腿蹬直，力在足跟，与肩同高，双掌随蹬腿动作向身体前后插出，目视左腿。

技术要点

拧身歇步，屈膝提起。

图 4-2-2

转身撞掌

动作方法 见图 4-2-3

（1）迅速收左腿，右转身，在右足后扣左足，继续右转，面对方位②收右足，足尖点地，同时右掌心向上，自左臂下穿出，收于腹前，目视前方；

（2）进右步，跟左步，双掌腕部贴拢，掌心向前，向腹前推撞，目视前方。

技术要点

撞掌与转身相结合，力达拳面。

图 4-2-3

行步撩掌

动作方法 见图 4-2-4

向左转身,面对方位③上左步,左掌小指向上,向前划弧撩出,二目前视。

技术要点

行步流畅,动作协调。

图 4-2-4

 进步撩掌

动作方法　见图 4-2-5

（1）向前进右步，同时右掌掌心向前，五指向下，松肩向前掖出，目视前方；

（2）向前进左步，同时左掌掌心向前，五指向下，松肩向前掖出，目视前方。

技术要点

进步带动重心，动作协调流畅。

图 4-2-5

双穿掌

动作方法 见图4-2-6

向方位③进右步,同时双臂外旋,掌心向内,掌指向上。

技术要点

向面前穿出,目视前方,外旋动作流畅、舒展。

图4-2-6

动作方法 见图 4-2-7

(1) 双足不动，向左拧身，右掌掌心向下，五指向前；

(2) 自左肩上探出，目视前方。

技术要点

拧身时，双掌协调随重心动而动。

图 4-2-7

动作方法 见图 4-2-8

向方位④进右步呈弓步，屈右臂，向前横肘扑打；左掌置于右小臂处，目视前方。

技术要点

屈臂向前，横肘协调发力。

图 4-2-8

 **拧身胯打**

动作方法 见图 4-2-9

(1) 左足不动，右足以足掌为轴，拘左拧身回头，同时右胯向方位④突然撞打；

(2) 双掌置于身体前后，右掌有向后的掖劲，二目前视方位⑤。

技术要点

身体协调发力掖劲，动作舒展顺达。

图 4-2-9

第三节 第二段

八卦九宫掌规定套路第二段包括：搓步托掌、插步挤打、反背掌等。

 **搓步托掌**

动作方法 见图 4-3-1

上左步，右足向方位⑤搓地蹬起，同时双掌掌腕贴拢，掌心向上托起，二目平视。

技术要点

搓地迅速，双拳结合发力，发力顺达。

图 4-3-1

 进步合掌

动作方法　见图 4-3-2

落右足双掌收置腹前，进左步的同时，双掌掌心向腹前托出，二目向前平视。

技术要点

进步与双掌动作同时进行。

图 4-3-2

 迎面蹬腿

动作方法　见图 4-3-3

向方位⑧进右步，左腿提起，足心向前蹬出，同时双掌掌心向前；

掌指相对，向前屈臂撑撞，二目向前平视。

技术要点

协调发力，动作顺达。

图 4-3-3

动作方法　见图 4-3-4

（1）向方位⑦落左足，同时左臂立掌掩肘，随之，在左足后插右足；

（2）右掌向左肘下推出，目视右掌。

技术要点

眼随身动，插足后，推掌迅速。

图 4-3-4

动作方法　见图 4-3-5

以双足为轴，向右拧身，同时右掌拇指向上，用掌背向身后方位⑦抢打，目视右掌动作。

技术要点

转身同时抢打。动作协调，发力顺达。

图 4-3-5

动作方法　见图 4-3-6

（1）左转身，上左步，同时左掌屈腕变勾，五指向下，在腹前拨动，目视左掌；

（2）上右步，同时右掌掌心向上，掌指向前，自左臂下向右前方穿出，目视右掌；

（3）向方位⑧上左步，同时左掌掌心向上，掌指向前，向方位⑧穿出，目视前方。

技术要点

行步游龙，拨掌穿梭。

图 4-3-6

转身后蹬腿

动作方法 见图 4-3-7

(1) 向右转身扣左步，右腿屈膝提起，俯身向身后的方位⑧蹬出；

(2) 力在足跟，双掌自然前后插出，目视右腿动作。

技术要点

身体随头转动，头要领身体转动。

图 4-3-7

撤身而走

动作方法 见图 4-3-8

迅速抽回右足，向方位⑨进右步，进左步，再进右步，同时拧身回头注视后方。

技术要点

左右步进步迅速。

图 4-3-8

 转身插掌

动作方法 见图 4-3-9

左转身向方位⑨上左步，同时双掌掌心向外掌背并拢，掌指向前，向方位⑨插出，二目平视前方。

技术要点

拨云见日，双手拨打动作娴熟。

图 4-3-9

第二段

第四节
第三段

八卦九宫掌规定套路第三段包括：转身劈掌、反背捶、提腕塌掌等动作。

动作方法 见图 4-4-1

（1）右转回身，上右步，右掌自后向前划弧抡劈而下，目视方位⑧；

（2）向前上左步，左掌自后前划弧抡劈下，劈在右掌心内，目视方位⑧；

（3）进左步，插右足，左掌不动，右臂屈肘立掌，五指外沿向方位⑧砍出，目视前方。

技术要点

劈掌时左右手协调发力。

图 4-4-1

 反背捶

动作方法   见图 4-4-2

以右足为轴，向右拧身，回头的同时，双掌握拳，右前左后，提起左膝，向右抡打，目视右掌动作。

技术要点

拧身抡打同时进行，目视抡打方向。

图 4-4-2

 提腕塌掌

动作方法   见图 4-4-3

（1）左转回头，向方位⑦方向落左足，左掌变勾手，自下向左足上方提腕，目视前方；

（2）进右步，同时右掌变勾手，在右膝上方提腕，目视前方；

（3）向前进左足，同时左掌变勾手，在左膝上方提腕，目视前方，提右膝，同时双掌变勾手，在右膝上方提腕，目视前方；

（4）向方位⑦落右足，双掌掌根

用力向前塌下，发出浑身整劲，目视方位⑦。

 技术要点

提膝提腕，动作同时进行。

图 4-4-3

抖劲

动作方法 见图 4-4-4

双臂抬起，双掌掌心相对，双足扎地，在胸前向左右抖臂，目视前方。

技术要点

抖臂时，全身发力，动作发于全身。

图 4-4-4

掩肘扑胸

动作方法 见图 4-4-5

（1）向方位⑥上右步，同时右臂折肘立掌向面前核掩，目视前方；

（2）右肘肘尖向内划圆，随之向上抬起，左掌扶置右掌处，目视前方；

（3）向方位⑥进右足，跟左足，同时右肘肘尖向前顶打，目视前方。

技术要点

始终目视前方。

图 4-4-5

转身后顶肘

动作方法　见图 4-4-6

（1）原地扣右足，左转回身，左足足尖点地收至右足前；

（2）双掌握拳向身后顶肘，力在肘端，二目向前平视。

技术要点

转身顺势顶肘。

图 4-4-6

动作方法 见图 4-4-7

上左步，双掌掌心向上，向方位⑤托出，目视前方。

技术要点

合掌托出。

图 4-4-7

动作方法 见图 4-4-8

上右步，足向方位⑤搓地蹬起，同时双掌掌腕贴拢，掌心向上托起，二目向前平视。

技术要点

搓步后蹬起。

图 4-4-8

065

闪身穿掌

动作方法 见图 4-4-9

（1）向身体左侧落左步，左掌拇指向上，向左闪身的同时向右推掌，目视前方；

（2）向方位⑤上右步，足尖点地，右掌拇指向上，掌指向前，自左臂下向前穿出，目视前方，向右横跨右步，同时右掌拇指向上，向右闪身的同时向左推掌，目视前方。

技术要点

闪身时上下肢协调进行。

图 4-4-9

第五节 第四段

八卦九宫掌规定套路第四段包括：迎门摆腿、反嘴巴、进步探掌等动作。

迎门摆腿

动作方法　见图 4-5-1

向方位④上左步，随之右掌掌背向方位④摔打，同时右腿屈膝，右足足面向右掌摆踢，左掌随之。

技术要点

与摆踢的技术要点相同。

图 4-5-1

动作方法　见图 4-5-2

落右足，右臂里旋，拧成掌背向左抖打，目视前方。

技术要点

右臂里旋时，发力于腰，动作协调。

图 4-5-2

动作方法　见图 4-5-3

（1）向左转身，右足向方位②上步，同时右掌心向下；

（2）五指向前，耸肩探出，目视前方。

技术要点

转身上步，勿拖泥带水。

图 4-5-3

磨身挤打

动作方法 见图 4-5-4

（1）向左转身，在右足后摆左足扣右足，同时左掌磨肋，掌心向外横臂挤打，右掌按于左臂处助力，目视前方；

（2）右转回身扣左足，原地摆右足，向方位③双掌推打。

技术要点

左掌在上，右掌在下，目视前方。

图 4-5-4

动作方法 见图 4-5-5

左转身原地摆左步，右腿足心向前，向方位②方向下截而出，目视前方。

技术要点

截腿高度不要超过腰。

图 4-5-5

动作方法 见图 4-5-6

（1）落右步，右掌掌心向上向胸部托起，目视前方；

（2）上左步，左掌心向上向内部划弧托起，目视前方；

（3）向方位②上右步，右掌掌心向前向方位②塌出，目视前方。

技术要点

左掌心向上向内部划弧托起。

图 4-5-6

拧腿捋带

动作方法 见图 4-5-7

（1）双足不动，向右拧身，同时双掌向右捋带，目视前方；

（2）右掌掌心向前向方位②推打，目视前方。

技术要点

向右拧身，双足不动，右掌发力为掌心，推打方向正确。

图4-5-7

缠手钻掌

动作方法 见图4-5-8

（1）向右转身，上右步，右掌屈腕，小指向下向面前拧腕拨动，目视前方，名曰"缠手"；

（2）上左步，同时左掌拇指向上，自右臂下向前钻出，目视前方，名曰"钻掌"；

（3）向左转身，上左步，左掌屈腕，小指向下向面前拧腕拨动，目视前方；

（4）上右步，同时右掌拇指向上，自左臂下向前钻出，目视前方。

技术要点

缠手的技术要点是完成动作的关键。

图 4-5-8

转身盖掌

动作方法 见图 4-5-9

（1）向方位①上左步，左掌掌心向上，自右臂下向前穿出，目视前方；

（2）向右转身，摆右足，同时左掌掌心向前折肘，向圆心方向推出，右掌置于左臂下方，目视前方；

（3）上右步，右臂外旋，右掌掌心向上，掌指向前，向圆心伸出，左掌置于右臂下方，目视前方。

技术要点

折肘方向，上步角度，外旋右臂随上步进行。

073

图 4-5-9

第六节 收势

收势是八卦九宫掌的总结尾，由转身撞掌，回到起势位置组成。

动作方法 见图 4-6-1

（1）左足向前并步，双臂里旋，向内屈肘，掌心向下，掌指相对，在体前徐徐下落，置于小腹前，屈膝坐身，二目向前平视；

（2）立正，两掌自然垂于身体两侧，自然呼吸，气沉丹田，目视前方。

技术要点

（1）"转身撞掌"动作要连贯，"进步扑肘"与"拧身胯打"要一气呵成；

（2）整个套路的动作要连贯，注重意、气、力和身、手、足的协调配合。

图 4-6-1

第五章 比赛规则

制定比赛规则对于比赛参加者了解和掌握运动规则,在比赛中充分地发挥技术水平,有着重要作用。对于观赏者,在了解了比赛规则之后才能更加充分体验观赏比赛的乐趣。

比赛规则

第一节 比赛方法

运动员要按照一定的方法进行比赛，并须遵循一定的规则，以使比赛有序进行。

比赛类型

八卦掌比赛包括个人赛和团体赛。

年龄组别

(1)成年组：18 周岁以上(含 18 周岁)。
(2)少年组：12～17 周岁。
(3)儿童组：不满 12 周岁。

比赛流程包括进场、起势、收势和退场等。

(1)运动员听到点名或看到电子屏显示姓名后，应立即进场，待裁判长示意后，即可走向起势位置；

(2)运动员身体任何部位开始动作即为起势；

(3)运动员完成整套动作后，须并步收势，再转向裁判长行注目礼，然后退场；

(4)运动员应在同侧场内完成相同方向(左右不得超过 90 度)的起势与收势；

(5)运动员听到上场比赛的点名和赛后示分时，应向裁判长行抱拳礼。

第二节 裁判方法

在比赛过程中,裁判人员通过履行其职责,进行正确的裁判工作,来保证比赛的公平、公正。

裁判人员包括裁判长和裁判员。其中,裁判员包括3~5名评判动作规格的裁判员和3~5名评判演练水平的裁判员。

比赛满分为10分,其中动作规格分值为6.8分,演练水平分值3分,创新难度分值为0.2分。

动作规格分

动作规格分满分为6.8分。裁判员根据运动员现场发挥的技术水平,按照动作规格要求,从该类分值中减去该动作规格中出现的错误扣分和其他错误的扣分,即为运动员的动作规格分。

1. 动作规格扣分

(1)凡手形、步形、身形、手法、步法、身法、腿法、跳跃和平衡与要求轻微不符者,每出现一次扣0.05分;与要求显著不符者,每出现一次扣0.1分;与要求严重不符者,每出现一次扣0.2分。一个动作出现多种错误时,最多扣分不得超过0.2分,出现三次以上扣0.5分。

(2)同一手形每出现一次轻微错误扣0.05分,出现两次扣0.1分,出现三次以上扣0.2分;同一步形、步法出现一次轻微错误扣0.05分,出现

两次扣 0.1 分，出现三次以上扣 0.3 分；出现一次显著错误扣 0.1 分，两次扣 0.2 分，出现三次以上扣 0.5 分。

(3)凡手法、步法中有动作不清的轻微错误，出现一次扣 0.05 分，出现两次扣分 0.1 分，出现三次以上扣 0.3 分；出现一次显著错误扣 0.1 分，出现两次扣 0.2 分，出现三次以上扣 0.5 分。

2.其他错误扣分

下列错误每出现一次，根据不同程度，予以扣分：

(1)遗忘：扣 0.1～0.2 分。

(2)服装影响动作：扣 0.1～0.2 分。

(3)失去平衡：晃动、移动、跳动扣 0.1 分；附加支撑扣 0.3 分；倒地扣 0.5 分。

(4)规定套路的动作路线、方向错误：扣 0.1 分。

演练水平分

演练水平分满分为 3 分。裁判员根据运动员现场表现的整套演练水平，按照八卦掌在功力、演练技巧、编排等方面的标准，整体比较，确定扣分，从该类分值中减去应扣分数，即为运动员的演练水平分。

1.劲力水平分值为 1 分(劲力、协调各占 0.5 分)

凡劲力充足，用力顺达，力点准确，手、眼、身、法、步配合协调，动作干净利落者，不予扣分；凡劲力或协调与要求轻略不符者，扣 0.05～0.1 分；凡与要求显著不符者，扣 0.15～0.3 分；凡与要求严重不符者，扣 0.35～0.5 分。

2.演练技巧分值为 1.5 分(精神、节奏、风格各占 0.5 分)

凡精神饱满、节奏分明、风格突出者，不予扣分；凡精神、节奏、风格中的任何一方面与要求轻微不符者，扣 0.05～0.3 分；凡与要求严重不符者，扣 0.35～0.5 分。

3.编排(内容、结构、布局)分值为 0.5 分

凡符合内容充实、结构合理、变化多样、布局匀称的要求的，不予扣分；凡与要求轻微不符者，扣 0.05～0.3 分；凡与要求严重不符者，扣 0.35～0.5 分。

裁判员的示分

裁判员所示分数可到小数点后两位数,小数点后第二位数必须是 0 或 5。

应得分数

动作规格分与演练水平分之和即为运动员的应得分数。动作规格分与演练水平分的确定方法为:

(1)3 个裁判员评分时,取 3 个分数的平均值为运动员的应得分。

(2)4～5 个裁判员评分时,去掉最高分和最低分,取中间 2 个或 3 个分数的平均值为运动员的应得分。

(3)运动员的应得分数只取到小数点后两位数,小数点后第三位不作四舍五入。

裁判长的扣分

起势、收势

(1)起势与收势方向不符合要求者,扣 0.1 分。

(2)起势与收势有意拖延时间、一个动作达 8 秒者,扣 0.1 分;达 10 秒者,扣 0.2 分;达 12 秒者扣 0.3 分。

重做

(1)运动员因客观原因,造成比赛套路中断者,经裁判长许可,可重做一次,不予扣分。

(2)动作遗忘、失误等原因造成比赛套路中断者,可重做一次,扣 1 分。

(3)运动员临场受伤不能继续比赛者,裁判长有权令其终止。经过简单治疗即可继续比赛的,可安排在该组最后一名继续上场,按重做处理,扣 1 分。

出界

身体的某一部位接触线外地面，扣 0.1 分；整个身体出界，扣 0.2 分。

平衡时间不足

凡指定的持久平衡动作的静止时间不足 1 秒者，扣 0.2 分；不足 2 秒者，扣 0.1 分。

不足或超出规定时间

如果没有在规定时间内完成套路，不足或超出规定时间在 5 秒内者（含 5 秒），扣 0.1 分；在 5 秒以上至 10 秒以内者（含 10 秒），扣 0.2 分，依次类推。

服装不符合规定

在比赛中，发现运动员服装违反规定，则取消其该项成绩。

动作组别不够

任何自选套路，动作组别少于规定的要求时，每少一个手形、步形、腿法、跳跃、平衡动作和规定的一种方法，扣 0.3 分。步形和平衡动作，均以定势为准，过渡的或一晃而过的都不算规定的步形和平衡。

规定套路的动作缺少或增加

(1)漏做或增加一个完整的动作，扣 0.2 分。

(2)跳跃动作的助跑步数或行进动作的步数缺少或增加，每出现一次，扣 0.1 分。

指定动作的扣分

(1)如未选择一组"指定动作"，除扣去该组指定动作的难度分值外，还应按漏做动作扣分，每漏做一个动作扣 0.3 分。

(2)增加或漏做一个或几个动作时，按增加或漏做动作扣分，每增加或漏做一个动作扣 0.3 分。

(3)改变动作可视为增加或漏做。

(4)每改变一次规定要求的方向，扣0.3分。如果由于方向改变出现增加或漏做，则应按增加或漏做扣分。

(5)重做指定动作的部分或全部，对动作中错误的扣分，以第一次完成的动作为准。

(6)因自选套路指定动作位置确定表填报错误，将在该项最后得分中扣0.3分。

 裁判长对评分的调整

（1）当评分出现明显不合理现象时，在出示运动员最后得分前，裁判长须报告总裁判长，经总裁判组同意，可召集场上裁判员协商或同个别有关裁判协商，改变分数。

（2）当有效分数（除去最高与最低）之间出现不允许的差数时，在出示运动员的最后得分前，裁判长可召集场上裁判员协商或同个别有关裁判协商，改变分数。

 最后得分

裁判长从运动员的应得分中减去"裁判长的扣分"再加上"创新难度动作加分"，即为运动员的最后得分。